- Poesía -

Presto Magia

Ignacio Fernández
Candela

SHARED PEN Edition

www.SharedPen.com

*ISBN: **978-0615938615***

Cuerpos Rotos, almas muertas. Edición Internacional

Índice

El primer momento siempre se repite

El primer momento siempre se repite
inexperto, inconexo, nos deja tensos,
involucionados, deseosos de experiencias
que el tiempo nos niega, siempre apresurados.

Un primer momento para la infancia
el nacer en vida que hollan las manos
bocabajo, haciendo el pino
mientras aprendemos andamos,
todo tan nuevo y desbarrado.

Cuando se nos muere la infancia
una juventud provee de alas,
como crisálidas prometidas
al espacio de la incierta ventura.

Ponemos alas a multicolores anhelos
para convertir la reconocida libertad
en campo de vitales y expectantes sueños.

Luego se nos muere otro algo
con el pasar de los insurrectos años
y brota maduro el fruto extraño
del primer momento en que no reconocemos
el paso fugaz del tiempo,
y nos preguntamos…
¿quién es ése del espejo?

Mariposas somos entonces conscientes
de que nacimos del básico gusano,
nos llama la prisa para consumir ambrosías,
libar edenes y retozar en ingrávida primavera.
Todo se acelera y nos marchitamos
deseosos de cómplice tiempo
que la evidencia nos niega,
siempre apresurados.

Se nos altera el alma
y nos resucita el cuerpo,
conscientes crisálidas,
de haber un final de vuelo.

El primer momento siempre se repite
nos pilla en pañales
más allá de los cincuenta.

De toda la aprendida experiencia
sólo nos restan ensoñaciones,
aceleramos el ritmo de los días
que pasan con mismas cadencias,
como si nos fuese la vida
en frenar su cruel inercia…
siempre apresurados.

Recordamos la infancia mirando niños
y los jóvenes se nos convierten
en extraños designios,
por la ley de vida que envejece
soportando tristezas blandas

en compartidas y duras sonrisas,
de inviernos cálidos, veranos frescos,
creando climas sin ritmo conocido,
postreros y rebelados nos ajamos.

Universos finitos con deseos de niños
buscan un adulto extraviado en el tiempo.

Placeres crecidos se multiplican
virando rumbo hacia la deriva,
mas el barco sigue navegando
con la sapiencia de un faro
que deslumbra la experiencia
hasta que nos cegamos…
el día del destino habrá de llegar.
en el deseo ralentizados.

El primer momento siempre se repite
nos pilla en pañales más allá de la vida,
y acaso aprendemos del infinito
cuando el alma nos vuela grácil,
como mariposa desde la tumba.

Universos infinitos con deseos de ancianos
buscan un aniño extraviado en el limbo

El primer momento siempre se repite…
¡Dios sabe cuándo!

Hoy he muerto un poco que no entero

Hoy he muerto un poco que no entero
me despierto porque me enhebro
un hilo que teje tiempo
en cada puntada un lamento.

Entretejido de sensaciones un poco menos
restado de la sonrisa del niño
menguado en esencias humanas, salvajes,
un poco menos vivo y menos latente
la imaginación aletargada por no
despertarla,
mas civilizado duermo.

Duermo un poco más muerto, menos
salvaje
abandonado de vida, harto de madurez,
un poco más hilador mientras desnudo el
alma
visto el tiempo con puntadas invisibles
con apariencia de vivo.

Un poco más muerto cansado del despertar
para seguir soñando con ojos cerrados,
vivo en apariencia un poco más muerto
que no, todavía, muerto entero.

Víctimas en el olvido vertebradas

Hoy han vertebrado una víctima más
la han numerado y colgado de una lista
le han roto el alma y troceado la mente
liviana, desintegrada ya no piensa si no es
amargura,
a un llanto escondido, condenada,
más se ha aligerado de persona
cuantas más lagrimas ha diluido.

Ayer alinearon a otros partidos
en la columna vertebral de la esperanza,
repartidos los pedazos donde nadie los
recoge
reventados de miseria y holganza.

Ayer desfilaban en lontananza a punto de
perderse,
hoy son errados en el vértigo de un abismo
donde olvidarlos ya puestos lejanos.

Sus manos no laboran y sus estómagos no
sacian
con el errabundo paseo de la discordia
los espíritus son desechados, roídos,
sus manos no laboran tampoco rinde el
alma.

Parado en tortura con ceño fruncido

la familia acompaña en conjunto desvelo.
restallan los látigos indiferentes
en la esclavitud de lo desterrado.

Fustiga el látigo cuarteando condición
pordiosera,
las etiquetas sociales condenan
en el olvido de quien fue práctico
para triturarlo en el listado de lo inútil,
y olvidarlo en la cuneta.

No importa ya si llora o se desmaya
del alimento escondido, de la sangre otrora
sana
con el fluir de las venas
envenenado…sangre mala.
¡Cuidado! Es contagioso, prime
cuarentena.

Desfondado el sustento que ni la caridad
merece
Son tantos… son tantos… ¡son tantos!
Miserias vertebradas en listas de parados
no merecen palpitación siquiera
superviviente,
gracias por los prestados servicios
retire se cuerpo, cadáver, que ya hiede.

Se desparraman en un colchón de tierra
nocturna

de día lo muerden, reservas de ira
acometen,
devoran un cielo constante, perpetuado,
comen polvo de camino como alzan
plegarias
a la intemperie de una fe escurridiza y
obligada .

Acaso no sepan rogar, apiadar un dios
economista
que prescinde de viáticos y limosnas,
para enriquecer en la ausencia de los
pudientes
La injusticia social que les olvida.

Gracias por los servicios prestados,
Aparte su alma, parado, que ya hiede.

Preciso un reloj sin horas

Preciso un reloj sin horas
un aire sin pulmones,
una sonrisa sin labios,
un buen humor agostado.

Preciso encantos de presencia ausente
cadenas fuertes con cierres quebrados
luces oscuras, sombras lucientes
preciso mundo, mas no éste.

Fantasías quiero que no sean sueño,
absurdos sentidos de nuevo pensamiento,
prescindo de lógica, la que hay no vale,
acaso sin vida el alma entiende.

Preciso vivir sin respirarlo
un espacio lento donde soñarme
la vida pasa fugaz y sin sentido
prescindo de todo menos del olvido.

La única justa batalla

Va a comenzar la única justa de las
batallas,
la acometida de las dulzuras, la embestida
discreta
en el fragor de los sutiles momentos que
desgranan
incruentas, tiernas, suaves, dúctiles,
las filas reclutadas de la nostalgia.

Alistada la mesnada de los sentidores
aun ha de acontecer el embate de los
versos
las expansiones de las odas rimadas;
ejércitos frente al fuego de la hoguera
en una purificación de paz aunada
todo el mundo llamado a forjar
el espíritu con la derrota en la fragua…

Derrota allá donde los males languidecen
y como humo ausente se van rotos
hacia el infinito de los olvidos.

Así vencer todos en el universo
de lo comúnmente conquistado
en la única, fraterna, justa batalla.

El incendio de la vida

Atrapado entre dos fuegos,
finalmente optó por quemarse.
Acaso era un témpano de hielo,
cuando el calor humano
le amenazaba en vida;
siquiera cariños eran entendidos
como sensibilidades de esperanza,
porque en él fulguraba un infierno
de indiferencia que creía ajena,
pese a la llamada de la humanidad
que no le repudiaba, sincera, en el intento.

En realidad se consumía por la
intransigencia
del espíritu que le asfixiaba,
creyendo en deidades ígneas
que un día fueran a abrazarle
y librarle de los tormentos.

Por eso cuando fue a salvar
a aquellos que agonizaban en llamas,
sintió el incendio propio de la vida
y en la agonía se abrazó
presto para morir,
y así encontraron las brasas conjuntas
que él no quiso, en su postrero y generoso
gesto, dejar morir en soledad
para renacer en conjunta alma.

Pues quien entrega en un instante
su vida por la ajena, aunque se pierdan,
halla consuelo que perdona
el vacío de toda una existencia.

Presto magia

Presto magia que no trampa
el alma se da sin trucos,
las manos liberan aire,
no poseen artimañas,
se pintan de fantasía inspiraciones
y clarean erráticas sombras.

Presto magia que se comparte
rompe espacios y perfila sueños
despierta conejos de granja
y los duerme en sombreros de copa
Se bebe la vida en un sorbo
se halla destino en barajas,
se baila al ritmo atado
se sumerge la tierra,
se escarba el agua
se inspira fuego…
y se exhalan estrellas.

Regalo vida que es como magia
el truco perfecto brindado al cielo,
nacer de la nada y de la nada regresar,
sin saber de dónde se viene
ni hacia dónde se va…
¡Bravo, el truco es excelso!

Prestidigitador eterno nos muestra
imposibles
como posible fuera que no existiéramos

para mejor subir al escenario
y ejercer de magos prestados,
mejor suerte que ser paloma
pues si ésta vuela, nosotros soñamos,
planeamos conscientes y mucho más
lejanos.

Más allá de este mundo las bambalinas
la magia perfecta de esta prueba
en que actuamos solícito el aplauso
sin advertir que todo es un ensayo.

Presto magia que no trampa
y por dar hasta doy el alma
que si un día desaparezco
vuelva a aparecer en tu bolsillo
y de un soplo me diluyas al infinito.

Somos magos , todo es posible,
embelesos del mismo destino.

Presto magia, si no te la regalo
es que cuando sepas el truco
el misterio será develado.

Podamos entonces empíreos alcanzar
con magia regalada ante angélico público
palmas de cielo en presentación oficial.

Presto magia ¿te atreves a tomarla?

No quiero la perenne cordura

No quiero la perenne cordura
si me envilece el corazón
sólo el alma afectada
engaña lo mundanal,
pero no al pequeñuelo
que la siente en la entraña.

Prefiero el cobijo de los cielos con techo
ilimitado
no sucumbir de racional como la gente
desea
para decirme cuerdo y ganarme el premio.

No anhelo paz si es paz de la mentira,
la de las voces calladas que truenan su
maldad
en extraños oídos de un mundo que aclama
sin saber que en los vítores adora su
condena

Son engaños convertidos en certeza los
sentires
que se expresan vanos, son grandezas
disfrazadas de miseria el caer de las
lágrimas falaces,
alientan nuevas desgracias en el engaño
y , ay, burlan el corazón de las infancias.

No quiero recordarme adulto
cuando la tierra me llame
ni escupir el polvo arrepentido
que mi espíritu trasegara…
en vida mejor niño.

Olvidado de la tosca madurez
prefiero rendirme en inocencia
que ganar en necedad,
perderme en el estrago de los sueños
así me llamen loco.

Quiero trascender en un jardín de mentes,
floridas ideas con semillas en el alma
y estrellas en las pisadas,
busco enardecerme
en busca de justicias olvidadas
y dictar mis sentencias para salvar
inocentes
más allá de miserias de jueces
que acostumbran sevicias.

En el crecer rememorar origen
templando el desorden
no el orden que dicen los justos
para obrar injusticia.

No quiero la perenne cordura,
acaso me olviden y disimule
la estancia en la tierra de las masas,

en el deseo de perderme
consciente de ser en la diferencia,
sencillo y menguante
que no iluso vendido en humanidad
creciente
de este engaño de lo mundano
que sólo me aprecia insano
cuando mejor inocente ido, que cuerdo
villano.

Rendido a la evidencia sólo soy

Hoy me he rendido a la evidencia
estoy hecho de barro
y me rompo como el cristal
espejado a trozos sin ego.

Me exhalo en inspiraciones quebradas
me inspiro en devenir de lejana esperanza,
me derrito con el consuelo intermitente
de lo que está por llegar, siempre llegando,
rendido a la evidencia soy nada
de la negación constante, resignado.

Roto como el cristal, inane como barro,
aun vivo para sentirlo en dolor
hasta el día en que pueda expirarlo...
mas sólo soy, eso, barro.

Hacer poesía con el viento

Hoy he hecho poesía con el viento
me he impulsado como una lágrima huída
que se ha dilatado en lugares
por conocer fuera del tiempo.

Y me he retratado con los paisajes
invisibles
donde sentirme grande y capaz
siendo sólo una lágrima errante
en espacios intemporales… dudo si vivo.

Hoy he hecho poesía del viento
cuando el alma en un sollozo
ha emigrado con el esplín de una oda,
me he integrado con el aire
para regresar después de ser perla
en los ojos llorosos de un niño sin tiempo;
hoy he hecho poesía y en el llorar he
quebrado,
siendo sólo poesía al viento.

Rota es la voz del tormento

Rota es la voz del callejero tormento
desubicado el hogar, sin sustento
se ciernen las fauces desde infierno.

La dolencia desgarra y humilla
el sueño del despertar amargo
del amargo dormir sin techo.

Rota el alma no
hay cobijo del cuerpo
que llegaron los cuervos
con órdenes del averno
a dentelladas acerbas arrancan vida
Con sellos rubricados
por repulsivos banqueros;
trajeados de indignidad
duermen tranquilos
y apestan en el alma
sordos al dolor ajeno

Rota es la voz que implora clemencia
cuando todo lo han saqueado
en el tormento de la indiferencia
esperando más desgarros.

Roto queda el hálito y el ánimo
embargan la vida y sellan las tumbas de
vivos
sepultados en la desgracia.

Rota la voz, cansada, se calla.

La vi llegar despierta y lozana

La vi llegar despierta y lozana
entonces yo sesteaba en un catre de sopor
cadenciosa, al ritmo de la exigua brisa
su paso seguro parecía ser de quien conoce
los destinos que aguardan.

Sonreía, descarnada de preocupaciones,
ahíta de gozos propios
que no contagiaba a ajenos
mas no importaba en la certeza de sus
alegrías
que allá donde pasaba el negro manto
cubría
como antesala de la luz de un nuevo día.

Yo sesteaba al principio con lento suspiro
y sentí la asfixia de un dolor sorpresivo.

La vi venir en ese gozo de una llamada
previsible
que siempre responde cuando toca
campana,
la última campana del hálito viviente.

La vi venir, mas esquiva
se fue como llegaba,
lozana, altiva, la Muerte.

Las cadencias del rumor se apagan

Las cadencias del rumor se apagan
como henchidos globos que estallan,
yermos los sentidos, sin brío,
se rasga la paz de las nostalgias.

El ritmo se ha perdido, acaso nadie
bailaba,
los pies no se arrastraban con timbres de
danza
ingrávidos, sin ritmo se extraviaron.

La fusión del tormento es sentido
por el movimiento ajado de una rítmica
falsa,
cadencias apagadas de un rumor sordo
como globos estallan con la esperanza.

Hoy no me levanto
con este sentir de lo acabado,
así reviente el ritmo de la vida
los globos también de mi infancia.

Viejo distante perdí el baile,
la fiesta se acaba
como globos sin celebración,
sonidos distantes…
No, hoy no me levanto.

Prescindo de palabras para decir

Prescindo de palabras
para decir cómo me siento,
náufrago en aguas sólidas
me quebrantan la garganta,
para decirme salvado
sumergido en los vaivenes
del retorno inacabado…
siempre a la deriva.

Sin palabras nadando en tierra
ahogado en lágrimas,
viviendo silenciado extraña felicidad.

Prescindo de la protesta
para vivir resignado
un mirando estelas de plata
de cielos estrellados,
trasladado en constelaciones,
inmerso en silencio,
callado por no decir.

Así expresarme lo que es puro latir del
alma
y el roce de un beso…prescindo de
palabras.

La lívida sombra de las noches

La lívida sombra de las noches
se alza en mi corazón sin latido,
extraño fulgores vividos
mas no recuerdo haberlos sentido…
y todavía vivo.

Ignoro cómo transcurre el tiempo
concentrado el mundo en un lamento,
unísono se parte el llanto de un niño
bilocado
en el ayer y el hoy que lo ha olvidado.

Las sombras son lívidas en el recuerdo,
yacen sin memoria y se esparcen
como si multiplicara los juegos perdidos
y los añorara un cadáver…
Al fin y al cabo eso será el adulto
en la lívida sombra de las noches.
de un corazón sin latido, muerto.

Me gusta lo que permuta

Me gusta lo que permuta, lo que sugiere
cambio
permite continuidad de la mente y el
corazón
desarraigados, después resucitados.

Deseo lo que muta y no mata
transforma la vida pero no desencaja.

Quiero continuidad en el camino
hacia el horizonte temprano,
no escarpados filos tardíos
donde yacer en vano.

Me gusta si cambia el mal
y permuta a la bondad
mas siempre continuidad…
si rota el alma hay oportunidad
de recomponer la emoción,
la mente, la virtud de vivir,
las tristezas que también cambian,
me gusta lo que permuta.

Amaneceres de cielos diferentes

Amaneceres de cielos diferentes
no se sugieren hasta vivirlos,
parecen de días acostumbrados
pero son de cielos diferentes.

Las costumbres mandan sin sospechar,
mismas gentes, iguales gestos
en amaneceres de cielos diferentes.

La vida sucede sin esperarse
en sus destinos secretos,
el hombre no avista inmediato horizonte,
camina acostumbrado en largo camino
sin avistar amaneceres de cielos extraños.

Las mismas rutinas, los mismos pasos,
las mismas esperanzas en devenir ingrato.
Siempre esperanza pese a lo amargo
la vida sigue con sus amaneceres,
aun siendo hoy de cielo diferente.

Los besos, el amor, los niños abrazados,
aquel llanto, otra risa, vida compartida.

Aquella soledad del fascinante héroe
ante la intransigencia de los viles,
la mezcla de vida y muerte, siempre
presente.

Del hogar al trabajo mirando de frente
con la llave girando tras la puerta
cerrada…
El fuego eterno, pávido brotando,
definitivo,
en llama de tragedia quema el cuerpo,
destrozado,
ingrávida, gentil, el alma se libera.

Surca el aire la expansión del terror
mezquino
que los cobardes siembran de pedazos
esparcidos
las bombas prestas de los demonios
lanzan a un ángel a espacios de ensueño.

Y lloran las virtudes terrenas
con apariencia humana ante la tragedia.
Viudas, huérfanos, familia unida,
rezan plegarias al mismo Dios
que envuelve en su abrazo
el digno espíritu que partió
hacia el amanecer de un Cielo ¡tan
diferente!

Deviene de las sombras

Deviene de las sombras y se allega al alma
quizá luz en el sueño que se confunde lesa,
en el despertar de una oscuridad
inesperada
más luz que sombra, pero confundida.

Como soñar de henchidos espejismos
¿qué es sueño y qué reflejo del sueño?
Quizá reflejos de fantasmas dormidos
que se oscurecen cuando despiertan,
o espectros reales con apariencia de vida;
todo deviene de las sombras.

De la duda y de lo cierto
todo es un reflejo
consumido en la certeza
de no saber si es así;
todo posible en la luz y la sombra
nada es verdad, tampoco mentira.

Quizá luz la sombra que se confunde
herida
que permite ver los agujeros del alma
como descosidos de la existencia
que se viste con jirones de rabia.

Conocer sin saber si se conoce,
ver luz y confundirla con sombra
forma parte de lo incierto de la vida,

como espejismos son los fantasmas
que acaso vemos cuando dormimos.
¿Qué es luz y qué sombra?

Permítame que me presente

Permítame que me presente,
anónimo de mis deseos
quizá no soy el indicado
para hablarle de un ser errado.

Voluntad tengo y suple desconocimiento
si le digo que anhelo conocerme,
tal vez Usted sepa reconocerlo
que esta vida no es fácil para lo ausente.

Y yo me siento equívoco
inconsciente de identidad
resignado por convicción
pero en la voluntad vivo
y en la esperanza recurrente.

Permítame que me presente
aunque nada tengo que decir,
mi ego se diluyó en la cuna
con las prontas llanteras,
sin saber de qué me quejaba
como ahora que si lloro
me pregunto por dentro
el porqué del llanto
si no imploro, sólo me duele,
esta identidad perdida,
el temor a no ser reconocido
si no lo fui de niño
no lo espero de anciano.

en el laberinto de vida.

Permítame que me presente Creador
¿puedo tutearte, Padre?
Si en mi alma pusiste identificación
recuérdame el origen de mi pensamiento,
la posibilidad de mis sentidos
la congoja de mis ignorancias
y el devenir de mi sentir muerto.

Permíteme que me presente
aun en el anonimato,
siempre puedes mirar el listado
de los condenados sin memoria.

Quien sino Tú conoce tanto
de tantos que se desconocen…
No pareces escucharme
Te siento tan lejano…

Por si acaso, discúlpeme Usted,
permita que me presente,
no será por no intentarlo.

Me bastaba la medida de lo sencillo

La grandeza me atrae, no puedo evitarlo,
me obligaron a ser del mundo sin serlo
pero, así lo hicieron, me contagiaron.

Me enseñaron a valorar lo grande,
cuanto más grande más preciado,
a tener garras en vez de manos,
la ambición es así de lacerante.

Instruyeron a mi alma para olvidarla,
sentir el pedazo de carne de mi cerebro,
correr tras los sueños con precio,
renunciar al afán de la inocencia.

Transformar lo grande en vehemente
y matar, si es necesario, por conseguirlo.
es credo divino de los que adoran abajo.

Idolatraron aquello que todos buscan
y lo encarecieron como oscuro deseo,
donde sobresalen quienes lo consiguen
el ídolo de barro que lo mundano en oro
convierte.

Me bastaba la medida de lo sencillo
proscrito quedaba del reino porfiado del
sado
donde el placer de todos es requerido

al precio de lo escaso y malvado.

Me bastaba ser sencillo y ambicioné
verdadera grandeza que no marca
diferencias.
Pero ellos jugaban en serio
y la vida me la tomé como un juego,
donde sembrar bondad en la grandeza
del valor en el pequeño detalle,
disfrutar de las esencias.

A mí me bastaba pero a ellos no,
todos se instruyeron y yo desperté,
y ahora ellos sueñan confrontando codicias
mientras yo contemplo agresivos
sonámbulos
que no despiertan y pugnan por vencer.

A mí me bastaba la sencillez
y fui expulsado de la secta
ellos tienen lo que sueñan
y yo carezco de sus venenos
que compran la vida como sus almas,
y a mí me bastaba lo sencillo…
Soy un corazón en desventaja.

Heroínas de lo salvaje cotidiano

No te escuchan en el silencio de tus
desgarros
Tú no gritas, te guardas dolor en el
infierno,
es por tus hijos, un gesto de heroicidad,
cuando te raptan la vida y el alma.

Aguantas firme tu cuerpo derribado, una
vez más,
borras las huellas de la violencia con
maquillaje
y gritas en silencio por no ensordecer
conciencias
a la espera de la bestia que te destroza.

Heroína de lo salvaje cotidiano
se cuentan a miles en anonimato
como estrellas de un cielo nublado
brillan en esplendor inmaculado.

Nada mancha el mérito de tu despertar
en espacios excelsos eres reconocida,
angeles todas de sufrimiento despierto
de una burda sociedad adormecida.

Justificáis parásitos micrófono en mano
afectados en las mentiras
que se ganan opíparos sueldos

sorbiendo sangre de las víctimas.

Vampiros asqueantes de programas en
directo
ensayan el horror en el teatro de la burla,
informando con desvergüenza
sensacionalista
del discreto sufrimiento de una mujer
digna.

Sólo cuando hay sangre acuden los
parásitos
para cantar las loas del ajeno sufrimiento,
con músicas repetidas de cabeceras
para anunciar como cuervos, una muerte
más,
la excusa perfecta de los dividendos.

La hipócrita componenda política te llama
la opinión pública les divierte
fingen sentir trauma por tu amargura
y abandonada a tu suerte te tienen.

Las fotos de la justicia social se suceden
centros de acogidas con comida salada
abundancia en gestos de solidaridad
mientras las cámaras estén presentes.

La noche tuya no la duermes
alerta estás de tu culpa impenitente
que impuso un demonio acomplejado

al que das sustento a cambio de maltrato.

Mas sangre para directo, se afanan las
rémoras,
Madrid, España Directo, asoman sarnosos
hocicos
para emitir ruin espectáculo.

Acaso llamaste para advertir el suplicio
y una cateta interlocutora juzgó sin destino
una urgencia sin sangre que es la amenaza
si no hay muerte no es rentable.

La desvergüenza social es vomitiva
tu duro batallar diario una primicia
cuando la sangre fluya fuera de las venas
y yazca tu cuerpo inane en la calle.

Entonces serás dignificada y usada como
ejemplo
para que otras heroínas de lo salvaje
cotidiano
emprendan el destierro por sedes políticas
televisiones rastreras… para que reporteros
basura
te cierren las puertas como lucrativo
evento.

Así una tras otra vayan cayendo, dignas
heroínas,
esta sociedad endemoniada se servirá

de vuestro sufrimiento callado
para luego volver a decirse lo buenos que
son
la solidaridad vende pero nada al huérfano.

Heroínas anónimas del salvaje cotidiano
sé que vivís un doble infierno…
el de la bestia de casa y la inmundicia
solidaria
nada se perdería si en vez de vosotras,
tantas ratas sucumbieran.

Heroína de lo salvaje cotidiano
se cuentan a miles en anonimato
como estrellas de un cielo nublado
brillan en esplendor inmaculado

Cuerpos rotos, almas muertas

Los cuerpos rotos por almas injustas
son espíritus libres que resplandecen en la
justicia,
pese al dolor que les infligen, son dignos
perennes
renacen de las cenizas vestidos de luz
nunca mueren aunque les resten el hálito
de vida.

Las almas muertas poseen cuerpo para
dañar
esgrimen armas y aniquilan toda bondad,
son demonios escoltados por Satanás
que rinden culto a la violencia contra el
justo,
rompiendo carne y taladrando mentes
con la crueldad de íncubos confesos.

Cuerpos rotos por futuras almas muertas
unos renacen en alma y otras mueren
canallas
en dimensiones que los puños no alcanzan
se pagan las cuentas que el mal ignora.

Cuerpos hermosos son lacerados
por la insidia de nauseabundos entes,
disfrazados de honor y tierra, avaros,
dañan la vida ajena, autosuficientes,

y escarban el precipicio al que se
abisman…
al tiempo.

Son ignorantes de rápido gatillo,
cerebelos errantes de tóxicos credos,
las almas muertas que habrán de enterrarse
Como despojos de inertes bestias,
enterrados,
las víctimas se iluminarán de puro blanco.

No es justicia humana la que juzga a los
seguros
de andares firmes en sus malicias
confiados,
sino una balanza que les despoja de
confianza
y arroja a la tumba el alma inservible;
despojos.

Almas muertas de inútiles canallas
serán descuartizadas en reciclaje,
quizá convertidas en ratas
así pueda llegar el diablo
y con un solo pie aplastarlas.

En algún espacio ha de reposar el alma
inteligente
y caer al abismo el ruin que no espera
castigo,

así mueran las almas de cuerpos
embrutecidos,
por el delirio de la bestia que provoca
suplicios.

Cuerpos rotos, almas muertas,
unos de eternos, otras exiguas,
la muerte de alma justificada.
Así sea.

Tres flores y una piedra

Acerqué la mano al portón de su casa,
medí la distancia con suave llamada
miré con rabia los vanos cerrados
volví sobre mis pasos, mis ojos lloraban.

Arranqué tres flores del jardín menudo
observé los tallos abrazados, sin habla
sentí de las hojas gemidos callados
sobre mi conciencia las acariciaba.

El cielo cubría velo de entierro
nubes sin Sol que las amara
cárcel eterna mi alma sombría
lágrimas de paz, melancolía.

Senté el corazón en gélida espina,
un banco de piedra, marmóreo escuchaba:
"no posees libertad algo te ata,
quizá la dama que te quería".

Una piedra no siente peso , ni vida,
no percibe la contrición de mi penuria
calla ronco gruñido, le respondía.

"Mira la flor"continuaba,"la primera flor
claridad diáfana, ésa que se retuerce
alma que en tu mano aplastas,
te sobra orgullo de perdedor".

"Escucha a la segunda, tan callada,
gime con el aire, canta, siempre muda,
ahora la matas con tu aliento acerado,
te faltan los besos".

"Absorbe el aroma de la tercera,
humilde, abierta, dulce fragancia
consérvala en tu mirada".

"¿A quién aguardas que con tanto ansia
te respiras toda la mañana?
"¿Por qué esperar si puedes partir hacia la
luz de tu destino? Nunca te faltarán los
besos
y tu orgullo puede ser de victoria".

"Tienes manos para coger flores
y vista para admirarlas,
todo lo que se va vuelve
con pétalos renovados"

Y aquella muda y sombría piedra
en el delirio del dolor
me hizo recordar, la memoria no engaña,
que siempre amanece en flor
si se sabe esperar un nuevo día.

Marché callado en ese amanecer
del que sabría recordar
el valor de tres flores
y una piedra que no late por mi corazón.

Desde entonces ¡Cuántos besos más dulces recibieron mis labios!

Coloreando sepulcros blancos

¿A quién regalas tus dádivas sino al
egoísmo
premeditado de tu generosidad?
¿Cuánto piensas lo dado que esperas
multiplicar
de lo poco restado?

Cierto es, tu mano derecha se asegura de
saber
qué hace la izquierda…
y lo celebras en nombre del Padre,
poco posees del Hijo.

¿Qué te queda además de la avaricia
encubierta
y el camuflaje de tus intenciones?
Nada y todo.
De tu alma vacía tanta ingratitud
por los bienes atesorados
y guardados con celo.

Presumes de hombre superior
al resto del reino animal…
¿a qué decirte humano si eres hipócrita
racional
sin sentido generoso de la manada,
parásito de carroñeras herencias del avaro?

Más saben las bestias de repartir bocado
que tú de conservar lo efímero;
te devoras en las eternidades
de tu hambre solitaria e insaciable.

Eres voraz y te aprestas a escupir
el alimento de la solidaridad más básica.

¡Cuán contradictorio es el vómito
de tusególatras pestilencias que te sacian
mientras a los demás ignoras! Canalla.

II

Conoces de tus mentiras, ráfagas aceradas,
pero ahuyentas el miedo a la verdad,
tu sinrazón de pensar que hastía,
y así crees sobrevivirte a ti mismo
sin preocuparte de los muertos por tu
causa;
los fantasmas no atacan.

¡Cuánto de cínico es tu espíritu
en la materia que desearías eterna!
pero a tu cuerpo lo olvida la muerte
y caminarás tus pesos en el infierno
por no ser liviano sobre la Tierra.

Sois religión representada por el escrúpulo
de una convicción universal asqueante:

vuestras poltronas de injusticia
que lográis, milagrosamente, disimular.

¿Cómo llamaros tutores instruidos
si sois viles desorientados, abusadores,
inmersos en vuestra avaricia de
importancias?

Os dejarán como usurpadores y la justicia
real
¿Retendrá lo que nunca debió ser vuestro?
todos vosotros caeréis raudos,
avergonzados,
en la reconocida individualidad santa
de vuestra única vocación, falsa, absurda:
prostituir la genuina santidad que os
aborrece.
Lo descubriréis firmado en el cielo.

Otros os siguen y envanecen de
reverencias,
son los que convienen por antojo
con vuestros caprichos de poder terreno.
Juegan a sentir sus vanas importancias
desesperados por imponer reglas de
intolerancia…
Son siembras de cizaña, cosecha de letra y
sangre,
Son de vosotros mismos, ciegos y
condenados.

III

Ser humano de almas promiscuas, de
rodillas altivo
gobernantes y gobernados, asociados,
la pretenciosidad es vuestra enseña
figura en todas las banderas
y ondea en el espacio mezquino
de los privados orgullos... la plebe fuera.

A todo lo llamáis vuestro, bendita
posesión,
vuestro es y se os atraganta con sangre,
deglutís con gula los devueltos de
antepasados...
No hay estómago eterno que os soporte.

¿No os enseña la sabia vida, lacónica,
y las generaciones de vuestros muertos,
inmensas,
sobre lo efímero de la gloria baldía
y la inconsistencia de las palmas?

¿Cuántos más habréis de ser en la Parca
para descubriros míseros porfiados
adoradores de inertes estatuas, vulgares
lenguas
pues todas se hablan con la misma saliva,

y tierras que guardan ,despreocupadas
ellas,
el polvo de los desaparecidos, enterrados
de siglos
que un día, insensatos, acompañaréis?

No sois nada a lo sumo durante cien años
¿qué pensaréis entonces ser, ilusos,
durante una eternidad?

Resignaos en humildad y consideraos,
cuando la tentación de creeros algo
embriague,
cadáveres sin remisión pues eso sois
durante vuestra vana ilusión de grandezas.

¿Dónde creéis, se guardan en las tumbas
las hazañas,
siempre vivas en mortificado recuerdo,
de basuras que se os antojan aromas de
Historia?
Son de la descomposición y desaparecen,
cabalgan sobre vosotros jinetes de muerte,
asnos.

IV

Mucho han llorado ojos por vuestras
culpas
y por no veros ciegos de orgullo,
se esconden de vuestras dañinas miradas.

Ausentes estáis cuando el dolor ajeno,
aunque fulmináis al prójimo de prédica
perenne
con el continuo presente de la soberbia
venenosa
que habla por los codos y amordaza el
alma.
Cuántos no sólo se esconderían
sino dejarían cegarse onerosos,
por no ver vuestras repugnancias
que contagiáis con un vistazo…la
evidencia canta.
Guías y prosélitos: Dios se dejó acoger
magnánimo
por vuestras entonadas alabanzas
pero bien sabía que con ellas
justificáis los postreros insultos.

Porque sois niños del capricho
al viento cambiante arrojáis
el sentido de las buenas intenciones
para volatilizarlas en el olvido.

No perdéis consciencia del errado recuerdo
pues un día decís admirar y al otro,
soliviantados por haberlo hecho,
arremetéis con ciega indignación y
venganza,
que ya nos conocemos.

Tan imbéciles sois por pensar sobre el bien
de vuestros desprecios consagrados,
Platicar presumidos sobre vuestras
justificaciones...
¡Mucho se os ha de perdonar
por no saber nunca lo que hacéis!

Os mostráis distantes e identificados
con miríadas de costumbres que os
ratifican,
solemnemente como Humanidad...
sólo sois un espejismo de desobediencia
natural.

V

Contemplaros como una única Familia
Será el día que echados como buitres
sobre aquél que intentara quitaros la venda
os despojara de vuestras ridículas codicias,
y le sacaréis los ojos.

Entonces seríais la oración de una baba
compacta
expectorada de una misma boca que
acostumbráis
prestos a la condena con rabiosa estupidez.

Se os oiría decir al filo de la media luna
"defendámonos contra el diablo",
unánimemente,

en verdad os brindaréis una vez más
a las garras de vuestro demonio,
que siempre, idiotas, os engaña.
Tal es el destino de vuestra zafia vanidad
tal sois hijos del mismísimo Satanás.

Lloráis las tumbas de los seres queridos
y no os lamentáis de vosotros mismos,
cadáveres.

Quien yace está vivo en el recuerdo
y no pensáis en su retorcimiento,
pues sois indignos de recordarle.
Cruje bajo tierra el muerto
que os desahucia de la memoria.
Prefiere dormir en la muerte
calmo sin vuestros exabruptos,
que morir por segunda vez
escuchando vuestras palabras de vida.

Con el tiempo, el olvidado irrumpe
en vuestro desconocimiento
y no le preocupa la falsedad.
Nunca supisteis nada de vida como de
muerte
goza liberado de los grilletes vitales
para insatisfacción de vuestras
imposiciones.

No sois nada ni cargando cadenas ajenas

Sobre trituradas espaldas que os miran de
frente,
ignorados por los tiempos, vuestras obras
preceden
los anillos de los dedos caen y los besos se
atrofian.
No sois nada, no sois nadie, sois vanidades
insanas.

Ya no forma parte de vuestro cuento
salvador
quien se hospeda bajo el polvo de la losa;
se encuentra a sí mismo y se sacude el
barro,
despierta del lodazal humano y se
desintegra,
mas el alma libera hacia el espacio infinito
al que pertenece el ser limpio y
evolucionado.

VI

La sabiduría de Dios es la clave de los
sencillos
que son revelados en lo cierto
desde el corazón de los niños; sencillo,
ligero.
no se traga un mosquito ni cuela un
camello…
vanidad de vanidades y sólo vanidad,
no aprendéis de la revelación de lo sincero

allá donde sólo entiende quien puede
entender.
Los siglos no os sirvieron para
comprenderlo.

Ignorantes predicáis misterios,
más estos no lo son
para los pequeñuelos
que saben cómo llega el alma
enterrado el efímero cuerpo.

Vosotros arañaréis la tumba
cuando atisbéis el grado de esa verdad
que dicta la mirada de un niño
cuando mira el cielo… tendréis, muertos,
miedo.

Mucho habréis de rebuscar secretos de
espíritu
cuando os toque visitar helados
la fosa común de la ignorancia.

A la muerte pertenecéis y sólo ella abre los
ojos
cuando los párpados se cierran para
siempre;
nunca se encuentra y la búsqueda continúa,
suspendidos los deberes con faltas de
presunción.

El barro descompuesto, agusanado,

no diferencia fondo sobre el cual yacer;
barro derramado sobre pisos hediondos
dejan olores putrefactos sin testigo que
huela
el aire irrespirable de la soledad.

La muerte es un ejercicio de intimismo
vital,
un silencio el olor literal de multitudes,
fétidas,
que jamás volverán a clamar.
Nada fuimos, en vida recordarlo.

Unos antes marcharon para regresaros solemnes
a la barredura de un destino siempre cercano…
Mejor os sepáis muertos antes de morir.

Sólo así podáis dirimir el error de la vida
ésa que apetecéis y siempre, al final , os engulle.
Sólo así, os reconozcáis sin inmortalidad,
con la que parecéis desenvolveros con vivir de
bestias… la bestia inocente obra en salvajismo
por instinto animal,
vuestro instinto es visceral egoísmo.

VII

Vosotros reflexionáis y las arrugas os crecen,
os surcan la vejez del espíritu…
otros son ancianos con espíritu de niños,
No es vuestro caso.

El destino de quien envejece el alma
es la ignorancia como penitencia
y en ella os bañáis contaminados
como deslizáis el ácido de la palabra.

Todos creéis saber y lo que no sabéis lo obviáis,
Para al final llorar por los que se fueron,
Que recuerdan el término indómito de la
expiración
A pesar de vosotros mismos.

No os engañéis que no es ley de vida
sino sentencia, inexorable, de muerte.

No os alegréis por la suerte pensando que obras
preceden
hoy creéis respirar salvación eterna, ciegos
soberbios,
mañana os ahogaréis con hálitos de moribundo
en la nada

Sois sepulcros encalados y desconocéis
el infinito multicolor escondido al daltonismo
de vuestras almas aletargadas.

¡Despertad! No sea que demasiado tarde sea la
eternidad.

Soy un hilo suspendido

Soy un hilo suspendido en el vacío
sin cabo de origen, ingrávido elemento,
anudado a la inexistencia,
muerto pero oscilante.

Aguanto un peso invisible
donde cada molécula de mi alma siente
la debilidad de no poder asirlo.

Me aplasta, me sumerge
más allá de las razones,
me agota y lo siento
carne de mis entrañas.

Me soporto por no hundirme
pues soy enigma sin ley,
sin justicia, reo,
reforzado para no morir en el intento
de aplastamiento que es mi identidad.

No muero porque no es elección
todavía de mi destino infante
obligado a sentir movimiento
sin oír un latido de corazón humano.

Impelido a no sentir piedad para conmigo
endurecerme con el ahogado abrazo de mis
ansias
aun permanezco sensible

colgado de impenetrable vacío
muerto pero oscilante, redivivo.

Nunca fui loco ni maravilloso,
en el fondo de la apariencia yace mi
identidad,
condenado a vagar por un mundo ciego de
cordura
y la verdad oculta que se evade
permanente.

La elección es morir con anhelos de vida
agonizar y ser fuerte lastrando las huellas
fallecer para no desfallecer
y así resucitar.

Estoy sin fuerzas y se me añaden
con la tortura de subsistir en el vacío
aun más colgado y oscilante,
como un péndulo de incierto tiempo
destinado a pararse el segundo de lo
eterno.

A pulso suspendido por fuerzas ajenas
destrozado pero oxigenado
soy aire sobre aire
mi materia no ocupa terreno espacio.

Soy mi pesadilla, ni soñando despierto
y ésta un respiro… una esperanza,
absurda forma de vivir.

No sé quién soy y no es mi culpa
entregado a un viaje del que no sé destino
ni vislumbro cometido.

Colgado veo el horizonte
pero no el camino lejos de mis pies
cansados.

Soy muerto sonriente
y aprenderé a llorar callado,
mientras sepa reír con un mundo
que no fue mío, tampoco de nadie.

Soy un hilo suspendido en el vacío
muerto pero oscilante,
alguien sabrá decir algo de mí,
porque yo no sé decir nada sin Ti, Dios
mío.

Volar sin alas

Allá surca el aire de mis sentimientos,
la estrella que se fuga al infinito,
como mi cuerpo que es el contorno
de los espacios vacíos, íntimos,
al que el alma da movimiento.

Y son mis gestos las líneas ígneas
que se comunican con esplendor
en las alboradas argénteas,
de lejanas estrellas reposadas
en un catre de Universo lejano,
aun más lejano.

De formas que se dibujan en las sombras
son mis claros pensamientos, nonatos,
y el fondo de mis reflejos
la luz de un hondo firmamento.

Está el Sol que es mente lúcida,
imaginadora de mi existencia
y la tierra de mi mano,
el polvo de mi nacimiento
que un día será polvo enterrado.

El movimiento espacial recrea mi estar
para sentirme más vivo en conjunto
y, aunque de barro soy,
Dios me regaló consistencia

para gravitar en mi empíreo,
en un horizonte albo
donde me allegaré al destino...
por siempre lejano.

II

Me debo a la sonrisa
de un Ser que me demandó vida
y de Sus palabras de creación,
nacieron mis mejillas
para que Su sentir las besara
y, cuando fuese alma, el esplendor del cielo
me las acariciara... acaso volar sin alas.

Soy un eterno roce del Universo
en la mano de Dios que me moldeara,
donde me siento unido al tacto
del Creador que me sublima.

Soy de la tierra y estoy en mi cielo;
el cuerpo que cubre el alma
para reconocerme en el regazo
de una grandiosa existencia,
igual que   mi reposo.

Como descansa el Universo
en esa red entramada,
compuesta de almas en luz
y que en el desconocimiento
se me tornan lejanas
desde mi limitado pensar....

Mas siempre inspiración.

Allá surca el aire de mis sentimientos,
la estrella que se fuga al infinito;
se recrea con el fulgor que brilla
desde su intemporal entraña,
para dar esplendor a la mirada
que la avista desde tierra.

Parece que recorre estelar espacio
y levita sobre un vórtice de belleza
que la engulle más rauda, remolino de
pasión,
hacia el aire de la imaginación eterna.

Es el espacio infinito ilimitado camino,
ora próximo, ora lejano de esperanza,
que es un manto de formado tiempo
incalculable,
se remonta etéreo, perenne,
y avanza millones de años
para dejarse ver siempre...
sobre la cabeza de un niño.

Tiempo, una infancia transcurrida
con la magia que, en su madurez,
sabe el pasar de los años
sin que las arrugas marchiten
sus formas de encanto,
siempre prestas para renacer...
belleza eternal.

III

Es sentimiento el fulgor esquivo
de miríadas de estrellas rutilantes
cuando las veo lejanas, excelsas,
desde mi alma fugaz constante
que las roza en el suelo militantes,
para amarlas y verlas cercanas.

Como alma es el conjunto de llamas
que hacen un solo brillo e ilumina la noche
para soñar que es eterna su fusión.

Como alma es el camino errante
de quien camina sobre un pedazo de tierra
y hace de su pisada un reflejo de luz,
hacia el horizonte, con las centellas.

Caminante de alma trotadora
que mi pensamiento vislumbra lejana,
aun con el sueño de la quimera…
avistar lo eterno es extraño
desde mi humana tierra,
mas no infructuoso el sueño
que define la maravilla impúber
de un infinito todavía abstracto.

De un cielo y una tierra inacabables
hubo de nacer el universo;
un cuerpo de Dios en lontananza
que parece divisar el sentir más humano
y se difumina entre los luceros que respiran,

como poros de Su piel, una infinita alabanza,
el hálito de su inspiración da la brisa que la
tierra respira y las aguas exhalan.

La vida late o mece sus sueños
cuando está dormida en la cuna del cielo.
Es un llanto universal y un recreo maternal
por la esencia mamada desde su nacimiento;
un bebé siempre por nacer.

Y es su indefinida génesis
¿ qué sabemos de la vida cierta?
la que su existencia abraza,
con eternal sabiduría.
Una vida que del firmamento llama a la vida
y lanza una sonrisa de zagal
a la contemplación de un juego visceral
del mañana que la existencia propone.
Jugamos a existir y la regla es maravillarse.

IV

Luna… se admira la hermana del Sol
con la imagen nocturna de toda vida:
noches engalanadas dedicadas a ella.
Se admira su brillo nocturno,
noche de platas, la luna en manto azabache.
Se baña en las linfas y es su rostro
reflejo de los océanos prístinos
que el cielo riega con viejas aguas
y anega las heredades terrenas.

Luna pálida, trashumante de constancia
que busca en la ensoñación intermitente
sobre la que gravita el sueño diurno,
un atisbo de luz y la espera del día.

Ésta es la romántica visión que se siente
y acapara el alma cuando el cuerpo duerme.
Es el despertar del revés de todo espíritu
que muestra su otra cara cuando amanece…
como la Luna siempre secreta.

Es Sol más cuerpo dimensionado en fuego
que cubre el alma de las estrellas,
aun dormitando la humanidad en el
amanecer
que vive por sus rayos de inspiración
práctica… laborar aprovechando luz,
mas también se sueña.

Es Luna el alma más sentida, noctarniega
que se explaya con la etérea oda marina
del sentimiento sumergido en estelas de
plata
y anega de resplandor la piel que baña.

Es el alma Luna amada
a los que se vuelven reciclados
los guiños de la calma nocturna;
alma bella de creación conjunta,
todos son elementos de magia,
como la noche que vive de la sonrisa
y alegra la velada de los espacios

que al corazón se antojan eternos.

Allá en la penumbra de lo ilimitado,
surca el universo, la fortaleza rendida
que fulgura con el calor triunfante
de una consustancial estrella;
estela fugaz, escurridiza pero encontrada
que se esconde en ese rincón eterno
que es la ensoñación de todo hombre
cuando se refugia fuera del cuerpo
e interioriza con el origen en lo divino
de sus ignotos entendimientos.

La búsqueda del rincón sin formas
de la mente y el sentimiento;
la dualidad de la vida predecible
más allá de lo aparentemente real…
parece un sueño la interiorización que se
contagia de irrealidad ,
inunda el devenir de reflexión
allegada al espíritu de Morfeo…
en el vuelo sin alas.

Mi estela veo pasar ausente
en los oníricos juegos
esclavos de mi dormitar,
alzándose como un fuego fatuo
que quiso perderse con los astros;
así lo efímero fuera eterno.

Aquí en mi cuerpo exiguo
mi tierra creó la fusión traviesa

de la razón y las emociones
que rodea la sensación de soñar
la realidad extraña del sueño.

Es soñar prometer fantasía a la realidad;
un rito que anhela involuntariamente digno
el espíritu errado;
una entrega más allá de la vida
con el pasar de los tiempos,
en el presente de mis odas
y el futuro inacabable del verso.

V

Pues si existe la concepción poética,
reflejo ha de ser de la rima de lo divino,
limitado el conocimiento, impotencia,
pero no el sentir de posibilitarlo

Poesía como un canto
que alaba cada alba,
es cielo de Sol discerniente
cuando las sombras se disipan.

La vida dubitativa, con todo,
Es un rito prometido desde el cuerpo
en brindis al alma,
la unión del sueño que retorna a ser real;
una fragua que dará calor a la forja meritoria
del espíritu, invisible, presente;
la forja del sentimiento victorioso,
en el entorno de un todo magnánimo

y el alma a la espera de un nuevo día:
la fragua en que Dios
el corazón de lo humano trabaja.

Así sea un mar la unión de todos los
cuerpos y el mar el cuerpo de todas las
almas,
no una confusión de conceptos
sino la definición de un íntimo universo.
Un grabado de fuego en el pensamiento:
la fusión de espíritu y cuerpo
en mi sentir inspirado
y con ellos el sumun conocido.
Una lección aprendida de humildad
que Dios dictó en la creación
y satisfizo mi anhelo por comprenderla...
para volver a ser niño.

Sea la tierra la unión de mi sensibilidad
con el anhelo fluido de la inocencia
y con ellos definidos conceptos.

La palabra etérea de la fantasía,
realidad y pensamiento.
que cuando mire una estrella fugaz,
mi alma eterna, por amor,
brille en todos los firmamentos
y el sueño imaginado de lo real, si llega de
Él, amor sea por todos los tiempos.

Cuando el mundo pare sus hermosas
bellezas para captarlas en el sentir finito
humano
hay un guiño de luz distinto
en el contraste de sus bellezas,
como el brillar es diferente núcleo
el corazón de toda estrella.

Es sentimiento que titila como un astro
que baja del cielo sereno
con el captar de las virtudes creativas
de un orbe inmenso,
y se deja acoger por un abrazo
inmensamente invisible.

Inspiración sin alas que es egregia presencia
para el sentir que la intuye y sentirnos finitos
ante la grandeza que nos contempla.

¿Qué contiene de recreación el suelo grave
de lo humano que no contenga el cielo?
Deja sus huellas la esencia de todo hombre,
cuando alza la cabeza a un aire estrellado.

Cada constelación es una pisada
de un enigma llamado Dios,
que resplandece, siendo guía del alma,
hacia otros lares tan lejanos…
Y nosotros más humanos.

Qué finita sentimos nuestra consideración
hacia tanta magnánima causa de propia vida,
aun sin entender su propósito versado
que es sabiduría escondida, no extraviada.
seguro que en el Cielo saben hallarnos.

Esperanza, acaso altar maestro
en el que dejamos una señal de la oración
que siempre será guía de nuestra alma.
Qué limitado es el hombre que da pequeños
pasos para tan largo viaje… ¡quién sabe
cuándo!

Como la existencia ignota,
es una imagen rota
que remonta el vuelo de la imaginación,
es el pensamiento inquisidor
un firme propósito de fe
por encontrarse sin límites ante tanto
espacio.

VI

Espacio que limita un sentir conocido,
que se esconde en el enigma
de no poder conocer lo ilimitado.

Así el tiempo transcurrido es un acontecer
que delimita la esencia de la racionalidad;
herencia de Padre desde un infinito.

Será de otros tiempos incontables

La progresión del sentimiento,
la evolución de un eternal pensar
que, a medida del infinito desconocimiento,
dará venideras sensaciones
fusionadas en un solo sentido de misterio.
No habrá que lucubrar para conocer de igual
modo que no habrá alas para volar.

Tan maravillosa es la consciencia
de saberse fruto de las esencias en lo divino,
un raciocinio sentido por el siempre jamás
que columbra más allá de la existencia
efímera hacia las profundidades más
soñadas:
una nueva tierra y un nuevo cielo
con el mismo horizonte de lo terreno en lo
invisible e infinito alcanzado.

Así sean soles, estrellas, lunas,
constelaciones, elementos de un magnánimo
sentir
para admirar y planear
con ojos de infinita observación
las muchas moradas que aguardan,
inmortales, ilimitadas, sabias,
espacios como dádivas celestes que
recorrer…
para sin alas volar.

Elegía

Cuánto amor abocado al profundo hoyo
de la discordia, la que escuece el alma
y blande la espada de la separación
contra el espíritu desavisado.

Cuánta la pérdida de esta unión
sin tiempo para enlazar las manos
acaso como caricia amante
de besos olvidados.

Qué decir del calor de los cuerpos
ahora arrancados
antaño fusión de juventud amada
se buscaba en la luz y la oscuridad
en cualquier ingrávido espacio.

Elegía por un corazón vencido,
apaga su fulgor con latido de sombra
aun con el rastro del pálpito emocional,
sucumbiendo entregado
ante el tiempo que no perdona…
Ausencia.

Sólo cuando la vemos derramada

Sólo cuando la vemos derramada
recordamos que nos circula sangre en vena,
sólo cuando nos ahogamos
percibimos pulmones que nos oxigenan.

Vivimos inconscientes de ser,
de tamizar la existencia ante los males
de vernos doctores de las dolencias,
las mismas que provocamos cuando lloramos,
las mismas que el dolor incrementa,
las penas, traiciones, heridas y asfixias.
nos recuerdan que respiramos.

Sólo cuando reventamos
recordamos la vida sana,
la queja inútil ante la injusticia,
el martirio callado de las presiones
que nos abocan a sobrevivir,
por no sucumbir y caer de bruces.

Nos levantamos si cae el alma
recogemos los pedazos,
los encajamos en una sonrisa,
que aviva deseos de esperanza,
y caminamos un rato por probar,
el rodaje después de gripar,
hasta equilibrar el ansia de vivir…
la llamada de la existencia toca

continúa el camino a rastras.

Sólo cuando la vemos derramada
por el mundo a borbotones,
recordamos que en vena circula sangre,
con hambre el estómago canta,
con impulsos se nos mueven los brazos
para echarnos las manos a la cabeza,
y andar de nuevo cansinos
con signos de fatiga el cerebro
que coordina robóticos pasos.

Fluye el instinto de la supervivencia
con la sangre en vena si no se derrama,
suerte tenemos de estar vivos
cuando a cascadas el mundo se desangra.

Estelas blancas

Anochecía Málaga vestida de estío,
Luna llena en plata cubría brisas,
sobre nuestras cabezas gravitaban
dos estelas blancas que se deshacían,
sin razón alguna de su presencia.

No eran nubes naturales,
ni rastro de tardíos aviones,
su origen parecía incierto,
pues todo efecto tiene causa
más si viene del firmamento.

Todo atado, bien atado
Y siempre desanudado.

Maravillados por la ignorancia,
bendita sea cuando desconocemos,
los males que nos acosan
no impiden sonrisas y restar importancia.

Supe tiempo después a meses pasados
que no vimos estética maravilla
de un fenómeno atrayente,
sino el rastro de un concierto
orquestado desde sombras,
a la luz sin disimulo
de amenaza cerniente.

Dicen por ahí que nos fumigan

que sostienen el mundo aniquilando
que llueven nocivas sustancias
y nos envenenan cuerpo y alma.

El mundo acusa enfermedades
provocadas con ciencia tóxica,
respiran nuestros pulmones,
nos atrofia la memoria,
nos mandan silentes y confiados
como esclavos a la tumba.

La superpoblación no es buena
en este mundo atado y bien atado
sin embargo siempre tan desanudado.

Sonreímos con descaro
a este infierno camuflado,
nos compran y nos venden,
prescriben nuestros sentires,
nos hacen pasar por el aro
nos engañan con cebos ruines
y agradecemos picar la trampa.
todo atado y bien atado.

Luego nos maravillamos del cielo
viendo sobre la cabeza estelas blancas
con todo atado y bien atado
siempre desanudados
así es como ignoramos.

Inmortal pero menos

Cuanto más desliza el tiempo
más me apego a las dudas,
resbalan más los años
y se restan las experiencias,
cuanto más avanzamos,
menos para alegrarnos.

Suponía continuidad en la coherencia
cuando jóvenes creíamos saber
para descubrir en la tonta madurez
que inteligente juventud no éramos.

Tenemos toda una vida
para ilusionarnos con la inmortalidad
sin ayudar la experiencia
a no sucumbir con el engaño
que nos oculta taimado
que cuanto más sabemos, vehementes,
más cerca estamos de ir al otro lado.

Que somos inmortales creemos
con fe mucho, la evidencia menos,
nos gusta creernos alguien
por no desesperarnos,
que la vida eterna espera…
si no para qué estos trotes
de rocines desbocados.

Contemplamos el Universo, con ojos deslumbrados

ayuda la inmensidad, a darnos sentido,
por la inmortalidad que nos bendice,
aunque cueste creer sin más
que del polvo nos saquen partido.

Inmortal , pero menos,
En eso estamos.

Prohombres de razones perdidas

No es la Humanidad proclive a la autocrítica
de lo que se consigue abundantes ditirambos
progresos son variados para ganar pocos
mientras por el camino muchos se pierden.

Siempre dispuestos prohombres, guías
improvisados
creen saber lo que hacen pero las obras desdicen
no puede ser el reflejo tan bueno, seguro que falla
algo,
pero no lo dirán si lo saben, más vale ocultarlo.

Unos son los que se rigen en maestros
y pugnan por reunir discipulado
provocan con discursos apasionados
la misma ceguera que ellos poseen,
algo falla pero no en ellos
son otros los condenados.

Así avanza el pesado carro de la Historia
que acomete caminos angostos
y sufre los baches impracticables,
cayendo los fardos con tragedias previsibles
y en descompensada trayectoria
nos despeñamos buscando atajos.

Prohombres de razones perdidas
nos buscan para guiarnos

los cuartos primero en las manos
y de lo prometido, después ya veremos.

Así engaño tras engaño.
los problemas confiamos
a prohombres de perdidas razones
a los que entregamos el alma
y así que tiramos, vaya.

Con esa razón que nos obliga

Con esa razón que nos obliga
trasladamos emociones marchitas
caídas con lánguidos años,
mudamos de piel en sentimiento
como reptantes resignados,
olvidamos lugares donde dormimos,
acaso nunca existieron,
para despertar con la razón que nos obliga.

Evolucionamos pero no trascendemos
algo hay en el vivir que lleva las cuentas
que nos debe algo a cambio, expiaciones,
mas se paga tarde cuando no se necesita,
será para cuando estemos muertos,
es razón que nos obliga.

Nos ubicamos en parajes de ensueño
nos coloca la vida desengañados
en lugares que no nos corresponden
y seguimos, con todo, soñando.

Creemos merecer por sacrificio
frutos prohibidos del mismo árbol
esencias frutales de lo ganado
inalcanzables para tantos.

Siempre ganando los mismos
testigos de sus bocados
mastican con grosero celo

nuestros frutos destinados,
Que mejor con los propios labios
para recibir de la vida besos
que no se los lleven otros
y nos nieguen lo que es nuestro.

Pero siempre salen ganando ellos
los mismos que se reparten prestos
los frutos, el árbol, las simientes futuras
y , codiciosos, hasta los restos.

Con esa razón que nos obliga
Después de dormir rebelados
Con todo lo que merecemos,
Siempre esa razón que nos obliga
Cada día a sin nada despertarnos.

Acreedores del alma

Me acosan acreedores del alma
dicen haberme prestado felicidad
y debo sufrimiento con intereses.

Dicen esperarme para amargar
que el dulce no es rentable,
la alegría estanca beneficios
que lo prestado no es regalo
y he de devolver la última sonrisa.

Aquí , quien más quien menos,
debe algo y lo oculta,
una sonrisa, un sueño, un perdón,
un susurro, una caricia, un beso,

Y digo que la gente no es feliz
en el gesto duro esconde dientes,
presionada por la vida enseña colmillos
que muerden por no llorar,
no es bien visto el sufrir
en una vida a crédito
donde se hipoteca el alma
la lágrima no amortiza,
y la esperanza permanece
pero arruinada.

Son acreedores del alma
y la deuda se la cobran
así te dejen en la calle

o escupan tus restos...
Si mueres, ya no eres rentable,
pero siempre habrá más
y ocupar tu lugar
firmar con el diablo
para cobrarse la deuda
que te dejaste.
Aquí no escapa nadie.

Una caricia, un beso, un sueño,
se presta y devuelve con creces
con el dolor por intereses.

Acreedores son del demonio
y buscan tu alma que no prestaste
en realidad, la regalaste.

Me obligas a decir lo que siento

Me obligas a decir lo que siento
ausente de los murmullos no oigo
tú oyes vida y desde mi sepulcro ecos
estamos distantes en otras dimensiones.

Tu pensamiento grita donde la ausencia,
allá donde no llegan mis ruegos
buscamos en lugares huecos
el vacío ausente, tan separados.

Me obligas a recordarte,
a gritos oigo tu melancolía,
que traspasa los lluviosos cristales,
me cala los huesos cuando me toca.

Etérea invades el espacio del recuerdo,
tú que marchaste con presuroso paso,
se te enganchó un jirón del alma
con la intención de dar un portazo.

Vaga errabunda tu conciencia
que dejaste volátil sobre el tiempo,
la añoranza se te hizo lastre
y la arrastras doliente
te oigo a gritos.

Me obligas a decir lo que siento
con los labios tempranos para hablarte,

como un fantasma yerras destino
y te me acercas sin divisarte.
El recuerdo que lo une todo
gravita en la distancia que creaste
mas el pálpito ingrávido persiste,
y nada puedo decirte, ni tú escucharme.

Así pidieras en alaridos
el sino de los olvidos,
caíste en trampa propia
cuando quedó enganchado
del filo de la puerta del adiós,
un jirón de tu alma
sin yo poder decirte nada.

Detrás de los despachos

La paciencia es santa virtud
pero no digna de entrega
a quien no la merece
ni de lejos la provoca.

Mucho hay que aguantar
detrás de los despachos
a gente sin corrección,
auténticos idiotas,
que como moneda falsa
deciden lo que vale,
no siendo ellos para juzgar
lo que ni de lejos les toca.

Pero ahí colocan sus culos
alguno también la cabeza
en sus despachos sentados
juzgando a gente ajena.

La cultura se desborda momificada
toma de su esencia bello pasado
para convertirla en fría empresa
comerciales atribuciones de usureros
en busca de sucios dineros
sin importar las caras virtudes.
las ignoradas y verdaderas.

Ponderados mandan con designios mediocres
buscando el talento con firma bancaria

tan necios son en sus encumbradas cuevas
de no reconocer el puro ingenio
más allá de las dotes cavernarias.

Triste designio el del creador
que a expensas de idiotas brega,
nadando entre vulgares junta letras
que acaparan las atenciones,
para que cansinos y hastiados editores
pasen por alto el ingenio
y lo olviden abandonado en frustraciones.

De todo este enjambre vulgar
algún sabio haya capaz de vislumbrar,
el potencial de la cómplice magia
en un autor con solera,
para en conjunto proyectar
una sola, férrea, alianza,
y en el transcurso delinear
una marca en el horizonte,
allá donde el genio brillar
justo donde otros lo esconden.

Que esto de escribir conlleva desilusiones
mientras panchos exhiben sus ignorancias
un sin fin de fantoches editores…
¿ pues no me escribió de "*habrir*", con hache,
las puertas del difícil mundo editorial,
un cateto vergonzante que llevaba rimbombante
el apelativo de editor jefe?
¿Con todo lo que hay parado

qué hace éste en un despacho?
¿Dónde está el editor inteligente?
Si hay uno que me lo presenten.

Hay muchas gentes afectadas de poesía
que hacen de la vida una inspiración
cuando en realidad la única que tienen
les sale sentada en el baño… resignación.

¿Dónde está el editor inteligente?
si el destino quiere que me lo presente..

Me duele la impaciencia

Me duele la acerba impaciencia
es de rompe y rasga, no para echar cohetes
sino para que me estalle en las manos,
impaciencia que desgarra, hace trizas el tiempo
anula la existencia y aboca al rudo desconcierto.

Me duele el alma de pura impaciencia
esperando una vida de lucha constante
a expensas de un destino siempre presente
de los que llega sin llegar, con los años esperando.

Se arrancan las ganas de seguir pugnando
siempre imbéciles de frente
traidores envidiosos a la espalda
y las masas, aborregadas, berreando.

A decir verdad no quiero dar más pasos
el mundo es una mentira pegajosa
como melaza sucia que se devora,
la gente tan suya en excentricidades
que dan ganas de tirar por la borda.
La corrección insufriblemente política.

Y gritar verdades hirientes, sobre las soberbias
de ridículos seres andantes, ufanos van por la vida
sin mirar sus reflejos en cristales
que los adivinaría fantasmas

no son nada, no son nadie
van por la vida ,pedazos de mierda, como
inmortales.

Ya habrá algo que les aconseje
sobre la humildad de otros pareceres,
que bajo tierra nadie presume
escuchada la final llamada
sólo la paz silente.

No son nada, no somos nadie.

Paritorios de azul y hiel

Hay paridos con el alma y otros que se escupen
son distintas concepciones de criaturas formales,
el fondo es un sentimiento que arraiga
aunque muchos llegan a la existencia
fruto de repugnantes maldiciones.

La Naturaleza brama con esplendor
el proceso de creación enigmático
que trae lo malo y lo bueno,
por el mismo proceso natalicio
o lo aborta sin miramientos,
Para eso se sobra la nacida Aído.

Hay quien necesita campo para explayarse,
otros muchos paren en la calle
algunos a punto de suicidio,
otros les acomete la rabia
e impulsan borrachos su ser parido.

Goethe paría Werther
de una noche beoda
Poe, Edgar Alan, se anegaba de absenta
en el paritorio de los terrores,
Dragó se metía droga hasta por el ojete
para luego hablar- con perdón- y cagarla.

Que de todo lo buen parido
mejor ser agradecido
prefiero la creación limpia

de mis sanos fetos literarios
que no la parida grande
ande o no ande.

Paritorio de azul tinta, hiel para promulgarlo
no bastan dolores de vida y escribir
sino los de la tortura para divulgarlo.

Soy más digno por convicción en mis letras
y no tomo nada para drogarlas
que no como sabinas que se lo esnifan
después de vérselo publicado…
el mundo es de los gilipollas.

Injusta la vida creativa
de quien crea palabras hermosas,
aporta de pensamiento trascendencia,
Paritorio de azul tinta y hiel…
Seguiré desparramando vida escrita
Pese al amargo aborto de la indiferencia.

Paritorio de azul y hiel,
quizá un día nazca miel.

Al encuentro de la poética

De la permanencia la vida,
el contraste de sus sensaciones,
buscando sentido del infinito,
consagrado el papel que trascriba,
basta la intención del sentimiento.

Del alma la virtud de los sentires,
el compás de las palabras compartidas,
alzando sueños velados en versos,
gravitando ensoñaciones vivas.

La impronta de las emociones hondas,
con el pasar largo de la vida inspirada,
de la mano escrita mentes soñadas,
alma desnuda polvo enterrado.

Si se ha de partir certero,
dejar un Sol ante la sombra,
en verso infinito que no se apaga,
huellas en el cielo volar sin alas,
acaso un niño del Universo entienda.

Fugaz estrella aterriza en mi mano

Trémulo el paso en la soledad del
fracaso
tendiendo la mano del guerrero furtivo
de las batallas acotado, cazador
cazado,
no son las heridas del blandir enemigo
las que agostan mi temple victorioso,
son las invisibles hechuras rasgadas
del alma
me obligan al lecho dormir mi terreno
deseo.

Fugaz estrella aterriza en mis manos
emerge la fe en compás de espera,
con reflejos de años en luz apagados
todavía viva la esperanza que regresa.

Camino por pétrea senda del universo
desde la finitud de mi delirio humano,
con el corazón cohibido ante estelar
espacio
impelido a recogerme en propio
abrazo.

Avisto las lindes del transeúnte
infinito,
yo parado

me retraen al vuelo de la consistente
evidencia,
amerizo en lágrimas vivas de un sentir
callado
con la agonía de los recuerdos en larga
condena.

No avanzo hacia el horizonte
extraviado de tiempo,
el deseo de besos fantasmas
en mis matéricos labios
perdido de mis ausencias... insoslayable me
pesa.

El ritmo olvidado tercia en
el impasible latir,
merma la memoria
de emociones trascendidas
aún en el despertar
de sensaciones redivivas,
la losa adorna ya la tumba de mis
vacíos,
se yergue de su entierro, todavía no
toca.

Mas... Fugaz estrella aterriza en mis
manos
como destino sufriente
de corazón en un pozo
con reflejos de años en luz

siempre apagado,
del sentir humano soy, sin retorno,
mero sollozo… mañana sonrío.´